La Tierra cambia

por Kim Borland

Fuerzas de cambio

Cuando estamos de pie, el piso se siente firme. Pero, ¿sabías que nuestro planeta no deja de moverse y de cambiar? ¡Es cierto! Aunque no lo sientas, las rocas de la Tierra se empujan, comprimen y estiran bajo tus pies todo el tiempo.

Las fuerzas que actúan en el interior y en la superficie de la Tierra hacen que las rocas cambien. Esas fuerzas causan que las rocas se doblen, se tuerzan y giren poco a poco. Las rocas de la Tierra siempre están en movimiento.

Algunas fuerzas cambian la superficie de la Tierra rápidamente, como los terremotos y los volcanes. Otras fuerzas cambian la Tierra poco a poco, como la meteorización y la erosión. ¡Hay fuerzas que tardan mucho tiempo en cambiar la Tierra!

Vista de la Tierra
desde el espacio

3

Capas de la Tierra

Nuestro planeta está compuesto de varias capas de roca. Los científicos estudian esas capas para saber más acerca de la Tierra. Estudian las capas más cercanas a la superficie terrestre. También estudian las capas subterráneas y profundas.

La **corteza terrestre** es la capa dura y rocosa que forma la superficie de la Tierra. Debajo de la corteza terrestre está el manto terrestre. El **manto terrestre** es la capa más gruesa de la Tierra. Tiene más de dos mil millas de espesor. Compone la mayor parte del volumen total de la Tierra.

Los geólogos estudian la corteza terrestre.

Corte transversal de la Tierra

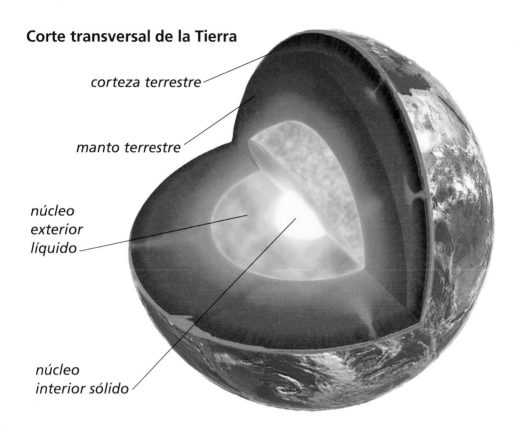

corteza terrestre

manto terrestre

núcleo
exterior
líquido

núcleo
interior sólido

La capa más profunda de la Tierra es el
núcleo. Está compuesto principalmente de
hierro y níquel. El hierro y el níquel son metales.
El núcleo tiene dos capas: la exterior y la interior.
El núcleo exterior está formado por un líquido
muy caliente. El núcleo interior está en el centro
de la Tierra. Es sólido y duro.

La más fría de las capas de la Tierra es la
corteza terrestre. La más caliente es el núcleo. ¡El
núcleo de la Tierra es casi cien veces más caliente
que el desierto más caluroso del planeta!

desierto

catarata

Formas de la superficie

Un **accidente geográfico** es una formación sólida en la superficie o corteza terrestre. Las colinas, las montañas, los valles y las llanuras son accidentes geográficos. Las cataratas, los acantilados, las islas y las cuevas también son accidentes geográficos. Hasta los volcanes son accidentes geográficos.

Los accidentes geográficos son de distintas formas y tamaños. Pero tienen un parecido muy importante. Todos fueron formados por fuerzas naturales. Entre esas fuerzas se encuentran el calor, el viento, el agua y el hielo.

peña

El agua en movimiento da forma a muchos accidentes geográficos. Los ríos tallan los valles a medida que fluyen. La arena y las rocas pequeñas que llevan los ríos desgastan la tierra. El material que se desgasta es arrastrado, y luego se deposita en otros lugares.

olas

volcán

Lago en medio de las montañas

Volcanes y terremotos

Los volcanes pueden causar cambios rápidos en el paisaje de la Tierra. Los volcanes contienen **magma.** El magma es roca caliente derretida. Se acumula en unas bolsas grandes llamadas cámaras de magma. Los gases del magma crean presión. Esa presión hace que el magma salga por una chimenea central que central llega hasta la cima del volcán.

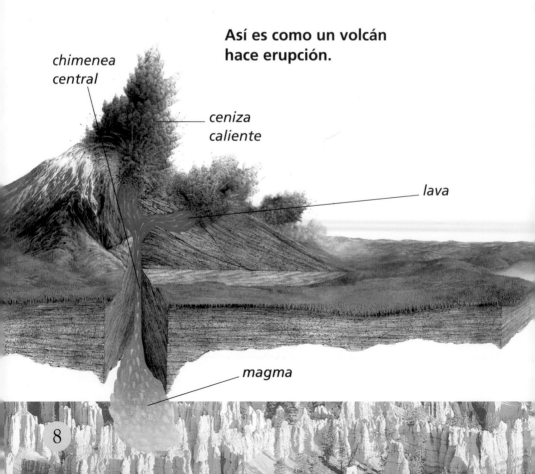

Así es como un volcán hace erupción.

chimenea central

ceniza caliente

lava

magma

Cenizas que salen del Monte Saint Helens

El magma sale por una chimenea del volcán.

Cuando el magma llega a la cima, el volcán hace erupción. A veces el magma sale por las chimeneas laterales. Pero casi siempre sale por la cima del volcán.

Cuando hacen erupción, los volcanes lanzan al aire vapor, rocas y ceniza. La **lava** es el magma que llega a la superficie. Baja por las pendientes y quema todo a su paso. ¡La lava es ocho veces más caliente que el agua cuando hierve! Cuando se enfría y se endurece, la lava se transforma en roca ígnea. Esa roca se convierte en parte de la corteza terrestre.

La falla de San Andrés, en California, tiene más de 800 millas de largo.

Terremotos

Un terremoto es una fuerza natural que sacude el suelo. Los terremotos ocurren cuando partes de la corteza terrestre se rozan en zonas donde hay fallas o grietas grandes.

Los terremotos producen ondas que vibran. Estas ondas se mueven hacia arriba, hacia abajo, hacia atrás y hacia adelante.

En 1906 hubo un gran terremoto en San Francisco.

Daños de un terremoto

Un terremoto fuerte puede causar mucho daño. Si ocurre cerca de la superficie, causa más daños. Mientras más tiempo dure el terremoto, más daños habrá. Si ocurre muy cerca de una ciudad, un terremoto puede destruir muchos edificios.

Los terremotos causan deslizamientos de tierra que también dejan daños. Los deslizamientos son caídas de rocas y tierra por una pendiente o cuesta. Pueden destruir edificios y carreteras. Los deslizamientos también ocurren en el fondo del mar. Allí pueden crear olas gigantes y peligrosas.

Meteorización

La meteorización no se ve en el momento en que está ocurriendo, pero es constante. La **meteorización** es un proceso que parte rocas en trozos cada vez más pequeños. Las plantas, los animales, los insectos y otros seres vivos causan meteorización. El agua, el viento y el hielo también pueden causar meteorización. A veces, los cambios de la meteorización tardan sólo unos años. Otras veces, tardan siglos.

Las plantas causan meteorización cuando sus raíces penetran entre las grietas de las rocas. Al crecer, las raíces parten las rocas.

montañas nevadas

12

glaciares

El agua también causa meteorización. A veces, el agua recoge sustancias químicas del suelo. Estas sustancias desgastan las rocas por donde pasa el agua. A esto se le llama meteorización química.

Otra causa de meteorización es el hielo. Cuando el agua se filtra entre las grietas de una roca y se congela, el agua se expande. Esto hace que la roca se parta.

El hielo meteoriza las rocas de otro modo. Los glaciares son masas inmensas de hielo y nieve. A medida que se mueven, raspan el suelo. Esto provoca muchos cambios.

Erosión

Muchas veces, los trozos de roca que deja la meteorización son arrastrados. Este proceso se llama **erosión.** El viento, el agua, los glaciares y la gravedad causan erosión.

La erosión causada por el agua es constante. Los ríos arrastran trocitos de roca y los depositan en nuevos lugares. Esto puede formar nuevas islas. La lluvia y las olas del mar también causan erosión.

En el desierto hay poca agua. Allí, la mayor parte de la erosión se debe al viento. Hay pocas plantas altas que bloquean el viento. Los fuertes vientos levantan arena y tierra que chocan con las rocas y se rompen en pedacitos. Con el tiempo, esto causa mucha erosión.

El viento erosionó estas peñas.

Los animales también causan erosión. Las lombrices, las ardillas terrestres y las hormigas cavan agujeros en la tierra por donde entra agua y aire al suelo. Eso produce más erosión.

La gravedad es otra causa de erosión. Cuando ocurren deslizamientos de tierra o avalanchas de lodo, caen trozos de roca y otros materiales por las pendientes.

La Tierra cambia en todo momento. Casi siempre los cambios son pequeños y ocurren poco a poco. A veces, los cambios son grandes y ocurren muy rápido. Mira a tu alrededor. A simple vista, la Tierra es la misma día tras día. ¡Pero nunca deja de cambiar!

El río Colorado dio forma al Gran Cañón.

Glosario

accidente geográfico   formación sólida en la corteza terrestre

corteza terrestre   capa externa de la Tierra compuesta por diferentes tipos de roca

erosión   movimiento de material meteorizado

lava   roca derretida en material pastoso y caliente que sale de un volcán

magma   roca caliente, derretida y pastosa que está bajo presión de gases

manto terrestre   gruesa capa de la Tierra que está entre la corteza terrestre y el núcleo

meteorización   toda acción que rompe las rocas en trozos más pequeños

núcleo   capa más profunda de la Tierra